Ulrich Wüst **Berlin Mitte**

Ulrich Wüst **Berlin Mitte**

Verlag der Kunst

Für den Neubau ihres Heizkraftwerks in Berlin-Mitte hat die Bewag ein internationales Kunstprojekt initiiert. Im Sinne ortsbezogener künstlerischer Arbeit stand die Aufgabe, Energie sichtbar und erfahrbar zu machen und damit dem Industriebau eine spezifische Qualität in seinem städtischen Umfeld zu verleihen. Es ging nicht um tradierte Strategien der Verschönerung oder Assimilation, sondern es wurde in mehreren Arbeitsgesprächen vor Ort ein individuell sehr unterschiedlicher und doch sich im urbanen Feld gemeinsam behauptender konzeptioneller Ansatz gesucht. Dabei stellten sich die beteiligten Künstler auf ihre Weise der Herausforderung der besonderen Situation einer sich permanent verändernden Stadt, die im Zentrum – in Berlin-Mitte – oftmals die Gestalt eines wilden Umbruchs annimmt.

Ich war – in enger Zusammenarbeit mit dem Architekten des Heizkraftwerkes, Professor Jochem Jourdan, – mit der Auswahl der Künstler und der Moderation des spannungsvollen Ideenfindungs- und Realisierungs-Prozesses als Kurator beauftragt. Von Anfang an sind Mitarbeiter der Bewag durch Werkstattgespräche mit den Künstlern darin einbezogen worden.
In der ersten Stufe wurden die Arbeiten von Ayse Erkmen, Dan Graham, Per Kirkeby und Ulrich Wüst realisiert. In einer geplanten zweiten Phase werden Franz Ackermann, Lothar Baumgarten und Thomas Bayrle ihre Entwürfe umsetzen. Als Chronist des gesamten Vorhabens fungiert Ulrich Clewing.

Das vorliegende Buch von Ulrich Wüst ist integraler Bestandteil des Projekts. Als ein eigenes künstlerisches Angebot zur Wahrnehmung öffentlichen städtischen Außenraums zeigt es einen Teil der Ergebnisse von Wüsts zweijähriger fotografischer Recherche in Berlin-Mitte. Es ging dem Fotografen nicht darum, den Bau und Betrieb des Kraftwerkes abzubilden, sondern die radikalen Veränderungen des Umfeldes, in dem es steht und für das es gebaut ist, zu erfassen. Diese Bilder sind eine Art Längsschnitt durch eine unwiederholbare urbane und damit soziale Situation, die im Moment ihrer Abbildung schon geschichtlich geworden ist.

Kasper König

Vom Verschwinden des Himmels über Berlin

Wolfgang Kil

Beginnen wir mit einem Ausschnitt. Zum Beispiel jenes Stück zwischen Friedrichstraße und Spittelmarkt. Um diese Ecken bin ich ein paar Jahre meines Lebens täglich zur Arbeit gegangen. Eine verworrene Gegend war das hier, in der sich zwischen lauter Baulücken die attraktivsten Adressen verteilten: die Universität, die alte Staatsbibliothek, Verlage, Institute verschiedener Akademien, zwei Opernhäuser und diverse Theater, das französische Kulturzentrum. Und dazwischen die drei, vier Cafés, in denen sich alles traf, was damals mit Kultur zu tun hatte, *tout le monde*, oder was man so »geistiges Leben« nennt. Damals – eine irgendwie anmaßende, aber heute übliche Umschreibung für den Abstand von nicht einmal zehn Jahren.

Seither bin ich immer seltener hier. Viele der Häuser, an deren muffige Portierslogen und ölfarbgestrichene Korridore man sich so unmerklich gewöhnt hatte, wurden in rascher Folge abgerissen – ein Anblick, den keiner freiwillig suchte. Danach war die ganze Gegend von Baustellen zerklüftet und schon deshalb unpassierbar. Als die ersten Gerüste fielen, ging man staunen. Doch die von soviel Geschäftigkeit überrumpelten Augen suchten hinter dem auftrumpfenden Beton zuallererst nach etwas, das plötzlich fehlte – nach dem baumhohen Gestrüpp in den Winkeln schwärzlicher Mauern, nach

Die Bombenangriffe des letzten Krieges haben mächtige Lücken in den Organismus der Stadt gerissen. Weite, säuberlich aufgeräumte Flächen dehnen sich zwischen der stehengebliebenen, als Ruine erhaltenen oder wiederaufgebauten Bebauung. … Aber man stellt einen überraschenden Eindruck fest. Der »Steinhaufen«, durch den einst endlose, nur noch in den Namenschildern vermerkte Straßenschluchten führten, hat Luft und Raum bekommen. Die einzelnen Bauten wirken mit ungeahnter Plastik. Sollte es nicht möglich sein, einer Stadt, die wieder aufgebaut wird, diese Größe und Räumlichkeit, diese Tiefe und Weite des darüber geöffneten Himmels zu erhalten?
Hans Schmidt, Architekt aus Basel, über Berlin 1955

den Durchblicken auf Giebel und Dachkanten über zwei, drei Straßenecken hinweg. Vergeblich. Aus unseren Schlingerwegen quer durch die Hausinsellandschaft waren wieder richtige Straßen geworden, schroffe Schluchten eines orthogonalen Stadtgefüges, von dem es nun hieß, dies sei das ursprüngliche und deshalb auch heute unverzichtbare Raster der Mitte Berlins. Und ich ertappte mich dabei, daß ich zwischen all den gleichzeitig aus dem Boden gestampften Neubauten nach den letzten übriggebliebenen Altfassaden suchte, um meiner Orientierung einen Halt zu geben. An die Stelle meiner Stadt war eine völlig andere getreten, in der ich mich wie ein Tourist zu bewegen begann.

Was sind fünfzig Jahre in der Geschichte einer Stadt. Nicht weiter erheblich. Normalerweise. Allerdings ist Berlin keine normale Stadt. Innerhalb eines reichlichen Jahrhunderts schickt man sich hier schon zum sechsten Mal an, die steingewordenen Verhältnisse von Grund auf neu zu modeln. Zuerst im letzten Drittel des 19. Jahrhunderts mit dem Gründerboom, der den rasenden Aufstieg einer muffigen Residenz zur Kaiser- und Millionenmetropole bewirkte. Dann mit der kühlen Rationalität Martin Wagners, der als Stadtbaurat zwischen 1926 und 1933 die »moderne Weltstadt« wie einen effizienten Großbetrieb zu organisieren

Luisenstraße

versuchte; mit seinem Umbau des Alexanderplatzes hatte er nicht nur den Rausch motorisierter Massenbewegung zum Planungsthema erhoben, sondern auch neue architektonische Raumdimensionen ins Spiel gebracht. Dann Albert Speers Versuch, die Bürgerstadt unter den Monumenten eines aggressiv-reaktionären Staates zu begraben, unselige Hybris unter der dröhnenden Devise »Germania«. Dann der Krieg mit seinen Bombennächten. Danach der Wiederaufbau, im Wettlauf der Ost-West-Konfrontation unter zwei konkurrierenden Paradigmen der Moderne, aber wichtiger noch: unter grundlegend verschiedenen ökonomischen Voraussetzungen. Seit dem Mauerbau 1961 war Berlin nicht einfach nur »viele Städte«, wie ein gängiges Bonmot die unvermeidliche Vielfalt der erst vor 75 Jahren hergestellten Großgemeinde beschreibt, sondern Berlin war zertrennt, wie man es sich krasser nicht vorstellen kann: zwei Welten, die mit dem Rücken zueinander lebten und sich im Widerspruch gegeneinander definierten.

Das unerwartete Aufeinanderprallen dieser zwei Welten 1990 konnte nur das schiere Gegenteil von »Normalisierung« bedeuten. Es war der freie Fall in einen neuerlichen Gründungsstatus. Doch diesmal ohne planerische Voraussicht, ohne Geduld, Gefühl oder Vision. Nur mit Geld, das sich allein für noch mehr Geld interessiert, nicht für die Stadt als solche. So wird Berlin schon wieder völlig neu erfunden, wieder komplett auf der Höhe der Zeit – diesmal als kurzfristiger Anlageplatz weltweit vagabundierender Kapitale. Die bedenkenlose Spontaneität, mit der Bauplätze besetzt werden, aber auch die Eitelkeit der von überall her zusammengerafften Architekturen korrespondieren direkt mit der Ziellosigkeit anonymer Finanztransaktionen im globalen Internet. Vielleicht steht sie uns da schon vor Augen, die vielbeschworene *virtuelle Stadt*: hektische Inkarnationen ebenso flüchtiger wie unverbindlicher Ideen, schillernde Reize zur Kostümierung ratloser Innenwelten. Handgreifliche Überbleibsel nach einer »Begegnung der Dritten Art«. Ohne Geschichte, ohne Geschichten ... bis wir uns einnisten, uns die banalen Gehäuse zu individuellen Zwecken aneignen, die rätselhaf-

ten Ufos in unseren Alltag herüberziehen. Doch dazu muß Zeit vergehen. Stadt ist ein Produkt von Zeit. Berlin hat ja Übung darin, sich zu beeilen.

Was sind fünfzig Jahre im Leben der Städter. Die wesentliche Zeit, zuallermeist das Leben schlechthin. Jener Zeitraum, der unseren Anteil am historischen Werdegang einer Stadt bemißt, in dessen Verlauf aus einem beliebigen, labyrinthischen Ort *unsere Stadt* wird. Natürlich nur, soweit wir zu den Seßhaften zählen, die mit ihrer Geschäftigkeit all die steinernen Gehäuse zum Pulsieren bringen; und umgekehrt, deren Lebensbild von der schlafwandlerischen Vertrautheit mit bestimmten Straßen, Häusern, Wegen, Zielen, mit Gesichtern von Nachbarn, Geräuschen, Gerüchen etc. gezeichnet ist.

In glücklicheren Fällen altern Städte und ihre Bewohner gemeinsam. Zu den unglücklicheren Fällen zählen Brände und Erdbeben, Kriege, feindselige Eroberungen und gewaltsam entfesselte Modernisierungsschübe. Neben allen sonstigen Verheerungen bedeuten solche Vorkommnisse für die Identifikation der Bürger mit ihrer Stadt jedesmal eine Katastrophe. Sie ziehen sturzartige Veränderungen der *mental map*, der verinnerlichten Stadterfahrung nach sich, und gerade die am längsten Ansässigen bleiben hinter diesen Veränderungen orientierungslos zurück. Deshalb steckt in stadtbeschreibender Literatur, zumindest seit Beginn unserer Epoche der permanenten Beschleunigungen, stets auch ein Grundton von Melancholie.

So, wie Stadt ein Produkt von Zeit ist, hat Heimischwerden in einer Stadt vor allem mit Gewöhnung zu tun – zwei Einsichten, die Investoren, Planer und Architekten schon um ihres Berufes wegen strikt von sich weisen müssen. Ihr Blick auf jedwede Stadt mag kompetent oder routiniert sein – er wird kalt, sobald sich nur der Hauch einer Chance zum Eingreifen bietet.

Genau solche kalten Blicke waren im Jahr 1990 auf Berlins im Osten gelegene Mitte gefallen: auf die dahindämmernden Quartiere der Spandauer Vorstadt, der Friedrich- und Dorotheenstadt, auf die eben noch unbetretbaren Ruinenhöfe, Bunkergärten und versteppten Brachen entlang des Mauerstreifens von der Luisenstadt

Denkmal Karl-Friedrich Schinkel. Schinkelplatz 1997 (oben) und Bodestraße 1996 (unten)

Friedrichstraße

bis hinauf zur Charité. Aus denen hatte sich der offizielle Betrieb der »Hauptstadt der DDR« über Jahrzehnte hinweg immer mehr zurückgezogen – weil man mit ihnen nichts anzufangen wußte oder weil wegen der Nähe zur Grenze allzu heftiges Passantentreiben generell unerwünscht war. Wochentags eine überschaubare Schar von Büroangestellten, abends und an den Wochenenden wenige Einheimische und gelegentlich Abenteurer: Jenseits der aufwendig neugestalteten Achse zwischen Alexanderplatz und Brandenburger Tor, abseits von Volksbühne, Hackeschem Markt, Unter den Linden und Bahnhof Friedrichstraße, bestand der Stadtbezirk Mitte mehrheitlich aus lauter Inseln der Stille.

Liegengeblieben, zerfallen, zugeweht. Daß Berlin fünfzig Jahre lang eine Stadt im Nachkriegstrauma war – nicht nur politisch als Doppelschaufenster des Kalten Krieges, sondern ganz praktisch: ein nur flüchtig beräumtes Trümmerfeld – wir hatten es tatsächlich vergessen. Wir hatten uns eingerichtet in den verbliebenen Restbeständen, in Straßen, an denen manchmal auf ein Haus drei Ruinengrundstücke kamen. Uralter Putz zeigte Beschriftungen vormaliger Läden und dem geübten Blick noch immer die Einschlagspuren von Maschinengewehrsalven. Das »Scheunenviertel« war ein verwunschenes Dschungelrevier, in dem hinter rostigen Gartenzäunen und ewig verschlossenen Schaufensterjalousien die Geister einer undeutlichen Vorzeit wohnten. »Land der angehaltenen Zeit«: Nirgendwo gewann das Diktum Heiner Müllers intensivere sinnliche Gestalt als hier.

Stadt im Detail: Dazu gehörten für mich ganz selbstverständlich Dächer aus schwarzer Pappe, Fensterluken sporadisch über unverputzte Giebelflächen gestreut, mannshohe Birken in den Mauerfugen allmählich verrottender Hinterhoffabriken. Zahllose Eckgrundstücke, von versierten Kampfpiloten systematisch aus den Häuserkarrees herausgebombt, später zu Kohlenplätzen, Garagenhöfen oder wilden Fußballplätzen umfunktioniert. Und schließlich Brandmauern – sie wurden zu unserer eigentlichen, unendlich vielgestaltigen Großstadtgeometrie: Wo sie durch Lücken voneinander getrennt standen, spannten sie ein Netz imaginärer Fluchtlinien und Traufkanten, rekonstruierten auf verblüffende Weise den verlorengegangenen Raum. Wo sie vereinzelt aufragten, ohne erreichbare Nachbarn und Gegenüber, wuchsen sie zu bizarren, felsigen Monumenten, die um so herrischer auftrumpften, je dichter sich Büsche und Bäume oder Anbauten aller Art um sie drängten.

In den Jahrzehnten ihrer stoischen Existenz haben diese Brandmauern das Stadtbild Berlins auf entscheidende Weise geprägt: Sie haben es gegen den Himmel gezeichnet – als Schattenrisse der selbstverschuldeten Verwüstung. Eine längst ins Unterbewußtsein abgespeicherte Signatur. Viele bemerkten sie erst, da die kahlen Wände in immer schnellerem Tempo zu verschwinden begannen. Wo bis vor kurzem noch Stadt*landschaft* war, mit unscharfen Dimensionen von manchmal abenteuerlicher Tiefe, kehren nun die makellosen Korridorstraßen zurück. Die Stadt schließt sich wieder, wendet sich nach innen und zieht die Aufmerksamkeit auf Augenhöhe herab. Sie zivilisiert die Neugier, und sie diszipliniert den Blick. Fünfzig Jahre Nachkriegszeit verschwinden hinter Dämmputz, poliertem Granit und messingglänzenden Klingeltableaus. Erst die Besichtigung anderer Städte ließ den Kontrast erfahrbar werden: Berlin war eine Generation lang Europas Menetekel geblieben. Das Wahrzeichen der Weststadt: die Ruine einer Kirche. Das »Symbol der Deutschen«: ein freigeschossenes Prunktor im leeren Niemandsland. Bilder, mit denen sich leben ließ angesichts deutscher Geschichte. Fünfzig Jahre reichen aus, um das von den Vätern angerichtete Desaster den Nachkommen nicht nur als Sühne, sondern allmählich auch als stadtbildliche Normalität zu vermitteln. Schließlich bedurfte es schon des staunenden Blicks weithergereister Gäste, um die Nachkriegskulisse überhaupt noch als solche wahrzunehmen. Berlin selbst haderte immer weniger mit seiner Allgegenwart des Fragmentarischen, in der einsame Solitäre verlorengegangene Straßennetze kaum mehr memorieren, bestenfalls Vermutungen über eine Art prähistorischer Kultur wecken konnten. Der groteske Mauerschnitt mitten durch die Stadt

Gelände des Nordbahnhofs, »Mauerstreifen«

hatte die Chiffren städtischer Anomalie geradezu ins Surreale gesteigert: Peripherie von beiden Seiten, und auf dem Potsdamer Platz Kaninchen … das war Berlin, längst nicht mehr nur Resultat von 1933 plus 1945, sondern weltweite Attraktion eines Ortes, der zum strafenden Exempel aus der Geschichte gedrängt worden war. Dafür beschenkt mit der Chance, vollkommen anders zu werden.

Natürlich wurde jener Sonderzustand vorrangig politisch interpretiert. Doch die exzentrische Mentalität der Stadt fand sich auf überraschende Weise gerade in ihrem Nachkriegsbild bestätigt. Zerrissen, disparat und von Improvisationen jeder Art zu schrillen Kontrasten getrieben, bot Berlin, und ganz besonders in seiner Mitte, ein Tableau dauernd unfertiger Zustände. Ein stetiges Neuland, vor dem Perfektionisten und verzagte Provinzler die Nase rümpften, ein ideales Terrain für Experimente und Entscheidungen auf Widerruf. Dies war Testgelände für die große Weltpolitik, aber eben auch für zahllose Träume individueller Emanzipation. Große Städte müssen immer beträchtliche Spannungen aushalten, doch nirgendwo ist diese Mischung aus banaler Härte und »Freiheit in Reichweite« so zum bestimmenden Image geworden, wie hier. Schon eine Fahrt mit der S-Bahn von der Jannowitzbrücke bis zur Station Bellevue, mit ihren ständigen Wechseln zwischen indiskreter Nähe und ausschweifenden Horizonten, entrollt ein ganzes Panorama von Möglichkeiten, in einer einzigen Stadt und zugleich in diametralen Welten zuhause zu sein.

Als die Mauer fiel, hat für einen kurzen Moment diese ungeheuerliche Kreativität des anomalen Berlin schillernde Blüten getrieben. Aus der »angehaltenen Zeit« war *real time* geworden. Die eben noch elegische Exklave funkte hektische Signale in die Welt. Pink Floyd mit »The Wall« auf dem Potsdamer Platz, Leonard Bernstein mit Beethovens Neunter auf dem Gendarmenmarkt. Weltkunst-Orakel in Niemandsländern über die »Endlichkeit der Freiheit«, expressiv fuchtelndes Theater in den Geistergrotten der Untergrundbahn. Das Kunsthaus »Tacheles« in einer Kaufhausruine, ein »Parlament der Bäume« am Spreeufer als frühe War-

nung vor neudeutscher Regierungsherrlichkeit. Mahnwachen und Kerzenaltäre vor dem Brandenburger Tor, nebenan Kaukasier mit Tschapkas und Orden der Roten Armee. Brechts Kinderhymne auf der Brandwand gegenüber dem »Staatsbalkon« des Reichstags. Bungee-Jumping im Todesstreifen. Und Tekkno, das zeitgemäße Berliner Delirium: Marathonparties in Kellern und Hallen, von deren Existenz bis eben noch niemand wußte – »Tresor«, »E-Werk«, »WMF«, »Frisör«.

Die Kultur der Nachwendezeit war ein einziges Festival wahrhaft metropolitaner Anarchie, ein Rausch ungebremster Inbesitznahme von Stadt. Da die Hochburg des Kalten Krieges sämtliche Konventionen ihres mühsam austarierten Status quo aufkündigte, kam sie für einen historischen Augenblick bei ihren eigentlichen Möglichkeiten an. Ein Stück Deutschland ohne Saturiertheit und gescheiterte Verheißung vom neuen Menschen, zurückgefallen in die offene Zukunft jeden Anfangs. Phantasie in Kellern, leeren Läden und auf Brachen.

»Das Chaos ist aufgebraucht. Es war die schönste Zeit.« Lakonischer als Jutta Voigt hat niemand die rasch folgende Ernüchterung beschrieben. In Windeseile wurde die Mitte der Stadt neu verteilt. Mickrige Quadratmeter wurden zu heiß umkämpften Spitzenlagen, horrende Bodenpreise erzwangen höchste Baudichte, höher und dichter als jemals zuvor. Jetzt nimmt die Stadt der reinen Rendite Konturen an. Der Flickenteppich aus holprigen Fassadenfronten, Grasland und Solitären wird »normalisiert«: geschlossene Fluchtlinien, klare Kompetenzen. Die schrägen Vögel suchen schon nach neuen Nischen. Das letzte Abenteuer, das noch bleibt, ist das Vabanque der Investoren. Wenn alles gutgeht, hat die Stadt von dieser Bauwut ja tatsächlich irgendeinen Nutzen. Das Problem scheint weniger ein ökonomisches, als vielmehr ein mentales: Mit jeder Baulücke verschwindet wieder ein Stück Ungewißheit, an die sich irgendeine Hoffnung knüpfen ließ. Statt dessen Tatsachen, alle auf einmal vollendet. Berlin wird real. Was soll man da noch von ihm träumen.

Mai 1997

Berlin Mitte 1995 – 1997

Gartenstraße

Niederwallstraße / Hausvogteiplatz

Leipziger Straße

Bergstraße / Schröderstraße

Scharnhorststraße. Invalidenfriedhof und Berlin-Spandauer Schiffahrtskanal

Krausenstraße / Charlottenstraße

Mittelstraße / Friedrichstraße

Schiffbauerdamm

Alexanderplatz / Otto-Braun-Straße

Spreeufer. Marstall

Chausseestraße / Invalidenstraße

Zinnowitzer Straße / Am Nordbahnhof

Stralauer Straße

Französische Straße / Charlottenstraße

Engeldamm / Köpenicker Straße

Wallstraße

Mittelstraße / Friedrichstraße

Leipziger Straße / Friedrichstraße

Markgrafenstraße / Behrenstraße

Französische Straße

Hinter dem Gießhaus / Am Kupfergraben. Pergamonmuseum

Köpenicker Straße

Oranienburger Straße

Rathausstraße. S-Bahnhof Alexanderplatz

Krausnickstraße

Bodestraße. Neues Museum

Unter den Linden. Zeughaus

Schützenstraße / Jerusalemer Straße

Schloßplatz / Werderstraße. Friedrichswerdersche Kirche

Mauerstraße / Französische Straße

Mohrenstraße / Glinkastraße

Köpenicker Straße

Reinhardtstraße / Albrechtstraße

Tucholskystraße

Friedrichstraße / Taubenstraße

Jerusalemer Straße / Schützenstraße. Mosse-Haus

Potsdamer Platz / Voßstraße

Luisenstraße

Köpenicker Straße

Köpenicker Straße / Engeldamm

Leipziger Straße / Friedrichstraße

Breite Straße / Scharrenstraße. Ehemaliges Ministerium für Bauwesen

Neue Promenade / Hackescher Markt

Inselstraße

Schloßplatz. Schloßbrücke, Dom und Palast der Republik

Wilhelmstraße / Dorotheenstraße

Dorotheenstraße / Ebertstraße. Reichstag

Adalbertstraße / Melchiorstraße

Max-Beer-Straße / Schendelgasse

Auguststraße / Kleine Auguststraße

Köpenicker Straße / Brückenstraße

Friedrichstraße / Leipziger Straße

Stralauer Straße / Waisenstraße

Otto-Braun-Straße / Keibelstraße

Leuschnerdamm / Engeldamm

Breite Straße / Werderstraße. Ehemaliges Staatsratsgebäude

Linienstraße. St. Adalbert-Kirche

Leipziger Straße. Spittelkolonnaden

Melchiorstraße

Mauerstraße / Kronenstraße

Mauerstraße

Friedrichstraße. »Checkpoint Charlie«

Michaelkirchstraße. Heizkraftwerk Mitte

Alexanderplatz

Oranienburger Straße. Synagoge

Michaelkirchstraße / Holzmarktstraße. Viadukt der Stadtbahn

Karl-Liebknecht-Straße / Memhardstraße

Friedrichstraße

Scharrenstraße / Brüderstraße

Kurstraße. Ehemalige Reichsbank / ehemaliges ZK der SED

Alexanderstraße / Holzmarktstraße

Nachwort

Matthias Flügge

Ende der 70er Jahre tauchten in Ausstellungen und vereinzelt in Publikationen Fotografien von Ulrich Wüst auf. Wir schrieben bereits die aufkommende Spätzeit der DDR, und die Fotografie hatte gerade begonnen, sich aus den Umklammerungen eines propagandistischen Bildjournalismus in Richtung auf eine Kunstform zu emanzipieren. Das kulturelle Klima als Ausfluß politischer Möglichkeiten erlaubte im Osten für eine Weile den visuellen Gewinn einer Art Wahrheit mit beschränktem Geltungsbereich. Jedenfalls schien das so, weil soziale Normen und vermeintliche Gewißheiten in den Lichtbildern einer Gruppe jüngerer Fotografen befragt und untersucht wurden. Es ging den meisten von ihnen um die mit extremer Optik forcierte Neubestimmung eines entideologisierten Menschenbildes, um eine Weitwinkeltotale der wiederentdeckten Privatheit, die sie nun als das eigentlich Gesellschaftliche inszenierten.

Ulrich Wüst blieb dabei am Rande und fiel durch beharrliche Verwendung von 50-mm-Objektiven auf. Der natürliche Blickwinkel zog seine eigenen Spannungsbögen. Da waren zum einen die tagebuchartigen fotografischen Skizzen aus dem jugendlich-intellektuellen Milieu des Prenzlauer Berges, wo sich eine Gegenkultur zu artikulieren begann. Und da waren – wichtiger noch – nüchtern beobachtende Bilder städtischer Räume, die zeitgleich als gebaute Heilsversprechen entstanden waren. Man sah kaum Menschen auf diesen Fotografien, die streng und mit höchstem Formbewußtsein komponiert sind. Wüst zeichnete Details der Begegnung des Alten mit dem Neuen – und diese Begegnung geschah, das wurde in jedem Bild deutlich, auf Kosten der historischen Substanz. Dabei unterschieden sich seine Fotografien von

vergleichbar gerichteten Bestrebungen durch den sachlichen Blick des Analytikers. Immerhin hatte Ulrich Wüst etliche Jahre als Stadtplaner gearbeitet, ehe er sich gänzlich der Fotografie zuwandte, und er ist von daher mit der symbolischen wie mit der lebenspraktischen Bedeutung stadträumlicher Situationen und ihrer einzelnen Details vertraut.

Die Städte Ostdeutschlands trugen die Spuren des Krieges tiefer in die Zeit als die des Westens, weil sich die Strategien des Vergessens unterschieden. Gemeinsam war beiden aber der zerstörerische Hang zum sogenannten »Neuen«. Ulrich Wüst war einer derjenigen, die es in Bildern auch als Kategorie des Verlustes visuell bestimmten. Hier erlangten seine Arbeiten eine politische Dimension über die Form- und Sozialkritik an der architektonischen Stupidität hinaus. Zugleich systematisierten sie gleichsam ein melancholisches Lebensgefühl. Sie waren aus der Distanz geschaut, selbst der Abschied lag schon hinter ihnen. Und noch etwas machte sie bedeutsam: Daß sie sich nicht dem kontemporären Gefühlsmulm auslieferten, an dem ein Teil unserer Generation damals seinen immanenten Widerspruch zum System erwärmte.

Auf Ulrich Wüsts Arbeit bezogen heißt das, daß er sich freihielt von allerorts lauernden Metaphern, um die Dinge und Details auf ihre wirkliche Qualität im Bezug zum (imaginierten) Leben zu befragen: Blöcke, Leeren, Perspektiven, Fluchten, das ganze formale Repertoire des Gestaltens mit Bildern vom Raum hat der Fotograf zu einer unaufgeregten Sprache gefügt, in der er Mitteilung über die prägenden Bedingungen sozialen Seins macht.

Zeiten rasanter Veränderung, so könnte man heute meinen, fordern diese Mitteilung deutlicher heraus. Ulrich Wüst reagierte auf die Nachwendezeit jedoch nicht mit journalistischer Eile, sondern im Gegenteil mit einem erneuten Versuch, Distanz zu bestimmen und zu gewinnen. Seine Bildfolgen »Pracht der Macht«, »Nachlaß« (1992) und »Abschlußball« (1992) rekonstruierten Beginn und Ende von individuellen Erfahrungsräumen neben der Zeit. Oberfläche, Gegenstand und Artefakt waren die zentralen Themen dieser »Trilogie«. Architektur als Bild ist, genau genommen, deren Zusammenfassung.

Die Fotografien, die Ulrich Wüst nach der Wende aufnahm, versuchen an keiner Stelle, den Umbruch metaphysisch zu beschreiben. Wüst verharrt auf der Phänomenebene, es geht ihm eher um Zustandsprotokolle transitorischer Situationen. Die Stadt war in Bewegung gekommen. Wo früher der falsche Anspruch ewigkeitlicher Setzungen Signale der Erstarrung sandte, trat nun eine in ihren Auswirkungen noch nicht vorhersehbare Änderung der räumlichen Verhältnisse ein. Wohl weil Wüst das wußte, blieb er der Verlockung dieses Motivs gegenüber zurückhaltend. Für ein Buch, das Alexander Haeder über die Baugeschichte des Prenzlauer Berges geschrieben hat, fotografierte er 1992/93 einen eigenen Essay, der die Erfahrungen und Erkenntnisse mit und von diesem Quartier bildlich zusammenfaßt.

In Ulrich Wüsts künstlerischer Biographie kam die Beteiligung am Bewag-Kunst-Projekt genau zur rechten Zeit. Er war vorbereitet, die zweijährige Recherche über die rapiden Veränderungen der Berliner Innenstadt zu führen. Nun, ausgerüstet mit den Möglichkeiten präziser Einsicht, konnte er sich in die Rolle des Passanten zurückversetzen. Wege und Wanderungen durch Berlins Mitte ergaben nahezu täglich ein anderes Bild. Die Kamera in Augenhöhe und unter Vermeidung spektakulärer Aufnahmeorte fotografierte Ulrich Wüst mit lapidarer Gleichmütigkeit, wie das »Neue«, das nun auch das »Andere« wurde, sich über, in und durch die gewohnten Strukturen frißt. Er beobachtete, wie der Stadtraum seinen Charakter verändert, wie die Blockstruktur solitärer Bauten – mit den unglaublich großen innerstädtischen Freiflächen dazwischen – sich in eine räumliche verwandelt, die Begriffe wie Weite und Enge einer neuen Definition im alltäglichen Erfahrungsbereich unterzieht. Lücken und Freiflächen verschwinden, Atempausen werden abgekürzt, Nischen verschlossen. Der Fotograf vermeidet auch hier die Metaphern und er vermeidet belebte Situationen; der Prozeß des Veränderns geschieht scheinbar ohne menschliches Zutun. Die Häuser, Plätze und Straßenzüge wirken wie Kulissen. Dabei entstehen Bilder, die nicht nur dokumentarisch sind, sondern sich einem in den vergangenen 20 Jahren entstandenen Kontext künstlerischer Fotografie einfügen. Obwohl Ulrich Wüst sie nicht in die gängigen Ausstellungsformate vergrößert und in der kommerziellen Verwertung einzelner Prints eher den Verlust der Bildnachbarschaft bedauert, hat er eine unverwechselbare Ausdrucksform entwickelt, die das Einzelbild aus dem Zusammenhang seiner topographischen Beschreibungsfunktion doch löst. Der Passant ist kein Registrator, er folgt keiner touristischen Route. Er sieht den konkreten Ort als einen bildgemäßen. Und er erzählt zuweilen dabei Geschichten vom unerwarteten Zusammentreffen historisch geprägter Formen. Die Haut der Architektur trägt die Spuren ihrer Benutzer. So, nicht durch Dramatisierung und Personalisierung, wird der Ort als ein gelebter kenntlich. Wüst bevorzugt fallende Perspektiven oder die Frontale. Die von den Volumen der Bauten gebildeten negativen Räume faßt er skulptural, und man begreift, daß es in den neuen städtischen Strukturen ganz wesentlich um die Behauptung dieser Räume gehen wird. Gewiß, das »Neue« wird, wenn es, wie so oft in Berlin, von einer geradezu erschütternden architektonischen Banalität ist, auch in der obszönen Durchschaubarkeit der ihr zugrundeliegenden Interessen decouvriert – aber die wohlfeile (Ost)Nostalgie eines sentimentalen Antikapitalismus liegt dem Fotografen fern. Eher hat er die wunderbare Kälte seiner frühen Arbeiten wiedergewonnen – sie aber nun ganz in Formbewußtheit sublimiert. Es gibt nichts mehr zu bedienen, nur zu beobachten. Der Gewinn liegt in einer eigenen Idee vom Bild, die sich der äußeren Realität um ihrer selbst willen bedient. Der Stoff, aus dem der Osten war, ist nicht mehr als eben Stoff. Als solcher aber ist er längst nicht hinreichend untersucht. Das Bewußtsein dieser Historizität der Form macht Wüsts Fotografien aus der Mitte Berlins zu einem Zeitzeugnis, dessen einzelne Bilder auch dann noch Bestand haben werden, wenn ihre Motive längst verschwunden sind – und ein neues Bild der Stadt entstanden ist, dem wir in zwiespältiger Gestimmtheit entgegensehen.

Liesenstraße. Grenze zum Wedding

Die Deutsche Bibliothek – CIP Einheitsaufnahme
Berlin-Mitte / [Wüst, Ulrich]. - Amsterdam ; Dresden :
Verl. der Kunst, 1997

ISBN 90-5705-071-4
© Ulrich Wüst
© für diese Ausgabe: OPA (Amsterdam) B.V.
All rights reserved
Published under licence by
Verlag der Kunst · G+B Fine Arts Verlag GmbH
Gesetzt aus Frutiger
Gedruckt auf 170 g Claudia
Lithografien: Gert Schwab, Steidl, Schwab Scantechnik GbR
Gesamtherstellung:
Steidl, Göttingen